QR코드를 카메라 앱으로 스캔하면 한마음선원 YouTube
채널로 연결되어 인묵 스님(조계종 어산어장)독송으로
『뜻으로 푼 금강경』을 들을 수 있습니다.

대행스님의
뜻으로 푼 금강경

대한불교조계종
한마음선원

차   례

게송偈頌 ⸻⸻⸻⸻⸻⸻ 6

서序 ⸻⸻⸻⸻⸻⸻⸻ 8

1. 법을 설한 까닭은 ⸻⸻⸻⸻ 10

2. 선현이 법을 청하니 ⸻⸻⸻ 11

3. 대승의 바른 종지를 ⸻⸻⸻ 14

4. 안과 밖이 둘 아닌 행이 아니라면
   묘행과 중용이 아니니라 ⸻⸻ 16

5. 심안으로 옳게 보아야 하느니 ⸻ 19

6. 바른 믿음은 나의 뿌리, 즉 자성부처이니라 20

7. 얻을 것도 없고 설할 것도 없음이라 24

8. 법에 의해 생산이 되나니 · · · · · · · · · · · · · · · 26

9. 일체 상相이 상이 아님이니 · · · · · · · · · · · · · · 28

10. 둘 아닌 공심, 즉 한자리인 것이니 · · · · · · · · · · 34

11. 무위공덕이 제일 높음이오니 · · · · · · · · · · · · · 37

12. 바르게 가르침을 존중함이니 · · · · · · · · · · · · · 40

13. 법답게 받아 지님이니 · · · · · · · · · · · · · · · · 42

14. 상을 떠나야 적멸함이니라 · · · · · · · · · · · · · · 46

15. 선과 경을 둘이 아니게 지닌 공덕은 자유로워서 · · · 56

16. 능히 이러하다면 업장 굴레에서 벗어나리라 · · · · · 61

17. 끝 간 데 없이 내가 없음이라 · · · · · · · · · · · · · 65

18. 일체 만물만생을 둘 아니게 봄이니 · · · · · · · · · · 75

19. 법계를 두루 찰나찰나 화함이니라 · · · · · · · · · · 79

20. 색色과 상相을 여읨이니 · · · · · · · · · · · · · · · 81

21. 마음과 마음으로 통하는 설법이니라 · · · · · · · · · 83

22. 일체 법이 공하여 고정됨이 없이 화하여

     그냥 여여한 까닭에 얻을 것이 없음이니라 · · · · · · 86

23. 내면과 물질세계가 둘이 아닌

마음으로 선을 행함이니 ────────── 88

24. 복덕도 지혜도 둘이 아님이니라 ────── 90

25. 교화하되 교화함이 없이 함이니 ────── 92

26. 법신은 상이 아님이니라 ──────── 94

27. 끊는 것도 없고 멸함도 없음이니 ───── 96

28. 받지도 않고 탐하지도 않음이니 ───── 98

29. 위없는 고요함이니 ──────────── 100

30. 끝없는 진리와 현상은 하나임이니 ──── 101

31. 지견을 내지 않음이니 ────────── 104

32. 천백억화신이 응신이 되어 만 중생에게

자비 보시를 천차만별로 응하시니 함이 없이

하심이네 ────────────────── 106

계송偈頌

천지인天地人

우주의 천차만별이

한 찰나에 벌어졌다

한 찰나에 모였다 흩어지는

이 광대한 산하대지에

산천초목은

장단 맞추어 음파를 두루두루 전달하고

나의 노래 소리와 더불어

전 우주 봉우리마다 허탈하게 웃으며

이래도 한세상 저래도 한세상

일체 색과 모든 생이

한꺼번에 끝없이 이어지며

나의 한마음의 웃음소리는

삼천대천세계 우주를 흔들며

물방울마다 향기 내음 되고

꽃송이마다 열매 되어

무루無漏 유루有漏 제대로 익어서

일체 생들이 그릇대로 끝없는 삶을 노래하네

이러해도 한세상 저러해도 한세상인데

나로부터 상대의 우주 섭류의 정신계에

광대한 마음과 마음이 이어지는 도리를

한데 합쳐 깨달으면

끝없는 자유인이 되리라

1993.8.7.「뜻으로 푼 금강경」완역 후

서序

자아궁위의 일체를 지혜로

도리천원에 드시어

큰, 한마음의 불바퀴와

천지인天地人과 함께하셨다.

그때 세존께서 일체 생과 함께

재식 법의 공양하실 때라

옷 아닌 옷을 입고

활궁발우를 드시고

들고 남이 없이 자아궁으로 드시어

재식하시려고 자아궁천에서 차근차근

재식 공양을 얻은 사이 없이 얻으시어

두 자리 아닌 자리로 돌아오시어

재식 공양을 한마음으로 마치시고

의발衣鉢 아닌 의발을 거두시고

일체 발이 둘 아닌 뒤에

평등공법平等空法 자리에 앉으셨다.

1. 법을 설한 까닭은

만법이 둘 아닌 한마음을 통해 들고 남을
나는 들었노라.
한때 부처님께서 사위국을 세우시고
일심이 만법, 만법이 일심이라 하시니
큰 비구들 천이백오십 인과 함께하셨다.
그때 세존께서 공양하실 때라
옷을 입고 발우를 드시고
사위성으로 들어가시어 걸식하시는데
그 성안에서 차례로 밥을 얻어서
다시 본래 자리로 돌아오시어
공양을 마치시고 의발을 거두시고
발을 씻으신 뒤에 자리를 펴고 앉으셨다.

2. 선현이 법을 청하니

그때 장로 수보리가
대중 가운데 있다가 자리에서 일어나
오른쪽 어깨에 옷을 걷어 메고
오른쪽 무릎을 땅에 꿇어 합장 공경하며
부처님께 사뢰었다.

희유하십니다, 세존이시여.
여래께서는 한마음의 자생화신보살들을
둘 아니게 다스리시며
한마음의 자생응신보살들의
둘 아닌 굴림이십니다.

세존이시여,

지혜로운 남녀가 위없는 진실을 깨침에

오방五方의 무상을

걸림 없이 대처하는 마음이시며

내면 자생과 둘 아닐 때 항복이라 하시며,

나 아님 없을 때

마음 없는 마음이

찰나찰나 응신으로 나투리라 하셨나이다.

부처님께서 말씀하셨다.

착하도다 착하도다, 수보리야.

네 말과 같이

여래는 안과 밖이 둘 아닌 마음이라

내면 자생보살들은 화신·응신의 나툼을

잘 다스리느니라.

너는 지금 자세히 들어라.

마땅히 너를 위해 말하리라.

지혜로운 남녀가

위없는 진실을 깨우쳐 마음을 낸다면

내면의 자생중생들을

둘 아니게 다스려야 하느니라.

내면의 한마음 없는 한마음을 항복받게 하라.

그렇습니다, 세존이시여.

바라옵건대 즐거이 듣고자 하옵니다.

3. 대승의 바른 종지를

부처님께서 수보리에게 말씀하셨다.

내면의 모든 자생중생이

내 마음과 둘 아닌 줄 알면

항복받은 것이니라.

만물만생 천차만별의 종류인

난생·태생·습생·화생이 둘 아닌 것이며

유색·무색·유상·무상이

고정됨이 없이 찰나찰나 화하여

둘 아니게 공하여

시공을 초월하였느니라.

나 없는 나는

다 무심에 들게 하여 열반멸도에 들게 하리라.

일체 만물만생이 멸도가 된다 해도

내가 있고

내가 하는 게 있다면

멸도를 얻을 수는 없으리라.

무슨 까닭인가, 수보리야.

만약 보살이

아상我相·인상人相·중생상衆生相·

수자상壽者相이 있으면

곧 보살이 아니니라.

4. 안과 밖이 둘 아닌 행이 아니라면
묘행과 중용이 아니니라

그리고 수보리야,

보살은 법에 의해 마땅히 함이 없이,

조건 없이 자비행을 할지니라.

이른바 모습을 보지 말고

진실한 마음으로 보시하라.

감촉이나 남의 말에도 속지 말고,

진실한 마음만이

조건 없이 보시할 수 있느니라.

수보리야,

보살은 정신계와 물질계가 둘이 아닌 까닭에

그대로 보시이니라.

내가 있느니 내가 했느니 하면

자유인이 아니다.

무슨 까닭인가.

만약 내가 없이 보시한다면

그 공덕은 헤아릴 수 없음이니라.

수보리야, 어떻게 생각하느냐.

동쪽 허공을 가히

생각으로 헤아릴 수 있겠느냐.

없겠나이다, 세존이시여.

수보리야,

남서북방 사방상하 허공을

생각으로 헤아릴 수 있겠느냐.

없겠나이다, 세존이시여.

수보리야,

나다, 내가 했다 하는
상을 벗어나서 보시하면
공덕이 허공 같아
생각으로는 헤아릴 수 없느니라.
수보리야,
뜻과 가르친 대로
내면과 외부가 둘 아닌 마음이라야 하느니라.

5. 심안으로 옳게 보아야 하느니

수보리야, 어찌 생각하느냐.

몸을 보고 여래를 볼 수 있겠느냐.

아니옵니다, 세존이시여.

몸을 보고 여래를 볼 수 없습니다.

무슨 까닭인가 하면

여래께서 말씀하신 대로

몸은 곧 몸이 아닙니다.

부처님께서 수보리에게 말씀하셨다.

내면세계와 물질세계를 둘이 아닌 줄 알면

곧 여래를 보리라.

6. 바른 믿음은 나의 뿌리,
즉 자성부처이니라

수보리가 부처님께 사뢰었다.
세존이시여, 어떤 중생이
이 같은 말씀이나 글귀를 듣고서
진실한 믿음을 내오리까.

부처님께서 수보리에게 말씀하셨다.
그런 말 하지 마라.
여래가 멸도한 후 끝없는 미래에도
각자 마음의 공덕을 닦을 자 있어서
이 글귀에 능히 믿는 마음을 낸다면
나의 마음의 뿌리를 발견하리라.
마땅히 알라.

모든 사람 마음속에

영원한 근본 선근이 본래 심어졌을 뿐 아니라

이미 일체 만물만생에게

뿌리, 즉 선근이 심어졌으므로

이 말씀과 글귀를 듣고 나아가

한생각에 진실한 믿음의 마음을 내느니라.

수보리야,

여래는 다 알고 다 보느니라.

일체 중생들이

나로 하여 세상이 있는 것을 안다면

무량 공덕을 얻느니라.

무슨 까닭인가.

이 모든 중생은

내가 했다, 내가 주었다,

내가 높다 하는 마음이 없다면
법이라는 것도 없고
법이 아니라는 것도 없느니라.

무슨 까닭인가.
모든 중생이
만약 나라는 마음을 세우면
곧 물질세계에 집착함이 되나니,
무슨 까닭인가.
법을 구한다 해도
곧 아상·인상·중생상·수자상에 집착함이며
법 아님을 취해도
곧 네 가지 상에 집착함이니라.

이런 까닭에

마땅히 법도 법 아님도 취하지 말아야 하며

내면의 양면을 놓으면

불이 켜질 뿐이니라.

이런 뜻인 까닭에 여래가 항상 말하기를

비구들이여,

나의 설법에 내가 없는데 법이 있으랴.

법이 없는데 법 아님이 있으랴.

7. 얻을 것도 없고 설할 것도 없음이라

수보리야,

어떻게 생각하느냐.

여래가 위없는 진실한 깨달음을

얻었다고 생각하느냐.

여래가 설한 법이 있다고 생각하느냐.

수보리가 말씀드리되,

부처님께서 설하신 뜻을 알기에는

눈 귀가 어두워서 볼 수는 없사오나

위없는 진실을 깨달았다 함은

이름일 뿐 법이 아니며

또한 여래가 설하셨다 할

고정된 법도 없습니다.

무슨 까닭인가 하면,

여래께서 설하신 법은

어떤 것을 했다 안 했다 할 수 없어서

다 취할 바 없으며

말할 수도 없으며

법도 아니고 법 아님도 아니기 때문입니다.

무슨 까닭인가 하면

일체 물질세계가

무위법에서 천차만별로 화하여

고정됨이 없기 때문입니다.

8. 법에 의해 생산이 되나니

수보리야, 어떻게 생각하느냐.

어떤 사람이

삼천대천세계에 가득한 칠보를

한마음 내어 보시한다면

이 사람이 보시한 대가의 복덕이

얼마나 많겠느냐.

수보리가 말씀드리되

매우 많습니다, 세존이시여.

왜냐하면 공덕이 공덕이 아닌 까닭에

여래께서 공덕이 많다고 말씀하셨습니다.

만약 또 어떤 사람이

이 경 가운데서

사구게를 공한 도리로 받아 지녀서

만물만생을 둘 아니게 설한다면

공덕 아닌 공덕이 될 것이니라.

수보리야,

왜냐하면 일체제불의 한마음과

위없이 진실한 밝음의 한마음의 법이

모든 경으로부터

한마음과 둘 아니게 발전을 이루나니

수보리야,

말하자면 불법이,

불법 아닌 불법이

그대로 일체 생활이니라.

9. 일체 상想이 상이 아님이니

수보리야, 어떻게 생각하느냐.

오원의 한마음은 시공을 초월하여

생과 사에 얽매이지 않고

색에 물들지 않는 마음을 내되

내가 생과 사도 없고

시간과 공간도 모든 색깔도 없는 뜻을

얻었다고 하겠는가.

수보리가 말씀드리되

아니옵니다, 세존이시여.

무슨 까닭인가 하면

생사도 색깔도 시간도 없는 뜻이

흐른다 하지만

28

들고 나는 바가 없으니
색성향미촉법도 있다 없다 함이 없으므로
이를 이름하여 수다원이라 합니다.

수보리야, 어떻게 생각하느냐.
사다함이 능히 이런 마음을 내되
내가 사다함과를 얻었다 하겠는가.

수보리가 말씀드리되
아니옵니다, 세존이시여.
왜냐하면 사다함은 이름일 뿐
산울림과 같은 고로
실은 가고 옴이 없으므로
이를 이름하여 사다함이라 합니다.

수보리야, 어떻게 생각하느냐.
아나함이 능히 이런 생각을 내되
내가 아나함과를 얻었다고 하겠느냐.

수보리가 말씀드리되
아니옵니다, 세존이시여.
왜냐하면 아나함은 이름일 뿐
마음은 체가 없어 가고 옴이 없으므로
실은 오고 감을 함이 없이 하는 까닭에
이름하여 아나함이라 합니다.

수보리야, 어떻게 생각하느냐.
아라한이 능히 이런 생각을 하되
내가 아라한도를 얻었다 하겠느냐.

수보리가 말씀드리되

아니옵니다, 세존이시여.

왜냐하면 아라한이란

아라한이 아닌 까닭입니다.

세존이시여,

만약 아라한이 자기가

아라한도를 얻었다고 한다면

이는 곧 무명에서 벗어나지 못한 까닭에

일체 상相에 집착하는 것입니다.

세존이시여,

부처님께서 말씀하시기를

수도자인 제가 내면의 자생중생들과

둘이 아닌 무심 삼매를 얻은 사람 중에

제일이라 하시니

일체 욕심을 떠난

제일의 아라한이라 하심인데

세존이시여,

저의 마음은 그렇지 않습니다.

그런 생각을 하지 않습니다.

모든 욕심에서 벗어나

둘이 아닌 무심 도리를 얻었다 할지라도

아라한이라 이름을 세울 게 없습니다.

세존이시여,

제가 생각하되 내가 아라한도를

얻었다 한다면 세존께서는,

수보리는 아란나행을 세우는 자라고

말씀하지 않으셨으려니와

수보리가 실로 행하는 바가 없으므로

수보리는 아란나행을
함이 없이 하는 자라고
이름하셨을 것입니다.

10. 둘 아닌 공심, 즉 한자리인 것이니

부처님께서 수보리에게 이르시되
어떻게 생각하느냐.
공체共體 공심共心이 밝아
어제 오늘이 없는 회상에서
법을 얻은 바 있다고 하겠느냐.

아니옵니다, 세존이시여.
여래께서 한마음 도량
밝은 공심불 회상에 계실 때
공용共用의 법을 실로 얻은 바가 없습니다.

수보리야, 어떻게 생각하느냐.
보살이 불바퀴를 스스로

둘이 아니게 다스린다고 하겠느냐.
아니옵니다, 세존이시여.
왜냐하면 공생共生의 마음자리를
장엄이라 하는 것은
곧 마음자리가 아니고
그 이름이 마음자리이기 때문입니다.

그러므로 수보리야,
모든 보살마하살은 함이 없이 함으로써
진실한 마음을 낼지니
물질에만 치우친 마음을 내지 말 것이며,
성향미촉법도 없는 까닭에
고정된 마음을 내지 말 것이며,
고정된 바 없이,
한 바 없이 마음을 낼지니라.

수보리야,
어떤 사람의 몸이 우주만 하다면
어떻게 생각하느냐.
그 몸이 크다고 하겠느냐.

수보리가 말씀드리되
매우 큽니다, 세존이시여.
왜냐하면 둘 아닌 자아 부처님께서는
몸 아닌 것을 이름하여
큰 몸이라 하신 까닭입니다.

11. 무위공덕이 제일 높음이오니

수보리야,

갠지스강의 헤아릴 수 없는 모래알처럼

갠지스강이 또 많다면 어떻게 생각하느냐.

그리고 모든 갠지스강의 모래는

얼마나 많겠느냐.

수보리가 말씀드리되

매우 많습니다, 세존이시여.

오원에는 있다 없다 할 수 없는 뜻이 있거늘

그 모래 수이겠습니까.

수보리야,

내가 이제 말함이 없이 네게 이르노니

만약 어떤 지혜로운 남녀가

몸과 마음에서 끝없는 칠보 보배가

저 모래 수 같아

삼천대천세계에 가득 채웠으니

한마음의 꽉 찬 보배로 보시를 한다면

얻을 공덕이 많다고 하겠느냐.

수보리가 말씀드리기를

많다고 말로써 다 이르오리까, 세존이시여.

한마음의 부처님께서 수보리에게 이르시되

만약 지혜로운 남녀가

내면의 선과 경이 둘이 아니게

그 가운데서

사구게가 사구게가 아님을 받아 지니고

자타가 둘 아닌 도리를 위해 설한다면

칠보로 삼천대천세계를 가득 채운

보시의 복덕보다

공덕이 수승하리라.

12. 바르게 가르침을 존중함이니

그리고 수보리야,

어디서나 이 경을 설하되

사구게 등이 공했다는 여여함으로

돌려 설한다면

일체 세간의 만물만생의 마음이

한마음으로 공양하기를

부처 중생 둘 아닌 중용으로 할 것이거늘

남녀노소를 막론하고

부처님의 뜻과 가르침을

진실로 받아 읽고 외워 뜻을 익힌다면

수보리야, 마땅히 알라.

이 사람은 내면으로 믿고

물러서지 않는 사람의 최상이며,

제일의 희유한 법을 성취할 것이니
만약 둘 아니게 걸림 없는
경전이 있는 곳이라면
곧 부처님과 한마음으로 존경받는
제자가 계신 곳이 되리라.

13. 법답게 받아 지님이니

그때 수보리가 부처님께 사뢰었다.

세존이시여,

이 뜻의 경을

마땅히 무엇이라 이름할 것이며

저희들이 어떻게 받들어 지니오리까.

부처님께서 수보리에게 이르시되

이 경은

위없이 밝음에

한마음은 그대로 여여하여 영원할 것이며,

일체 있는 것 없는 줄 알고

없는 것 있는 줄 안다면

그대로 영원한 줄 알리는 뜻이니

이러한 이름은 이름 없는 이름으로써

너희들은 한마음 깊은 속에

받들어 지녀야 하느니라.

그 까닭이 무엇인가, 수보리야.

부처가 설한 반야바라밀은

곧 반야바라밀이 아니고

그 이름이 반야바라밀이니라.

수보리야, 어떻게 생각하느냐.

여래가 설한 바 법이 되겠느냐.

수보리가 부처님께 말씀드리되

세존이시여, 여래께서는 설한 바가 없습니다.

수보리야, 어떻게 생각하느냐.

삼천대천세계에 있는 모든 티끌이

많다고 생각하느냐.

수보리가 말씀드리되

매우 많습니다, 세존이시여.

수보리야,

모든 티끌을,

여래는 티끌이

세계와 둘이 아닌 것을 설하노니

그 이름이 티끌이며

여래는 세계가 세계가 아니라고 설하노니

그 이름이 세계이니라.

수보리야, 어떻게 생각하느냐.

삼십이상으로 여래를 볼 수 있겠느냐.

아니옵니다, 세존이시여.

삼십이상으로는 여래를 볼 수 없습니다.
왜냐하면
여래께서는 삼십이상은 곧 상이 아니라
이름이 삼십이상이라 하시기 때문입니다.

수보리야,
만약 어떤 지혜 있는 남녀가 있어서
일체 한마음의 나툼으로
천차만별의 모습과 마음이 화하여 나투며
둘이 아닌 보시를 하고,
또 어떤 사람이 있어서
이 경 가운데서 사구게가 따로 없이
내면의 밝은 마음을 지녀서
나와 남을 위해 둘 아니게 설한다면
그 공덕은 끝이 없을 것이니라.

14. 상을 떠나야 적멸함이니라

그때 수보리가

둘이 아닌 경의 설하심을 듣고

깊이 그 뜻을 깨달아

과거 부父와 현재 자子가 상봉하여

눈물과 기쁨이 둘이 아닌 까닭에

부처님께 사뢰었다.

희유하십니다, 세존이시여.

부처님께서

정신계와 물질계가 둘이 아닌

깊은 경을 설하심이니

나 아닌 나가 과거사를 아는 바

혜안으로도 미처 이 같은

경과 선이 둘 아닌 말씀은
얻어듣지 못하였습니다.

세존이시여,
만약 어떤 사람이 이 말씀을 듣고 신심을 내면
깊이 진실하게 내며
곧 실상의 근본을 얻으려니와
이 사람은 진정코 제일의 공덕을
성취할 것을 믿겠습니다.
세존이시여,
이 실상이란 상이 아니기에,
이런 까닭에 여래께서는
실상이라 이름하셨습니다.

세존이시여,

제가 이와 같은

공하여 그대로 여여한 경의 말씀을 듣고

믿어 알고 받아 지니기는 어렵지 않사오나

만약 미래 세상 후 현재 세상이 왔을 때에

그 어떤 중생이

이 경의 말씀을 얻어듣고 믿어 알고

미래를 돌아 현재 오늘에

그 경의 말씀을 내면에 받아 지니면

이 사람은 위없는 진실한 사람일 것입니다.

왜냐하면 이 사람은 아상이 없고

나다, 내가 했다, 내가 위대하다 하는 게

없기 때문입니다.

그 까닭이 무엇인가 하면

깨달으면 곧 아상이 상이 아니며

나다, 내가 했다, 내가 위대하다 하는 것이
곧 상이 아니기 때문입니다.
왜냐하면
일체 모든 상을 여읜 까닭에
모두가 부처라 이름하기 때문입니다.

부처님께서 수보리에게 이르시되
그렇다, 만약 어떤 사람이
이 경의 말씀을 듣고
일체 무심세계에서
놀라지 않고 두려워하거나 겁내지 않으면
마땅히 알라,
이 사람의 마음은
더없이 밝고 맑음이니라.

왜냐하면 수보리야,

여래가 설하는 제일바라밀은

곧 제일바라밀이 아니요

그 이름이 제일바라밀이니라.

수보리야,

몸으로 고행을 하는 것도

여래는 몸으로 고행을 하는 것이

아니라고 설하신다.

그 이름이 고행한다는 것이니라.

왜냐하면 수보리야,

내가 나의 뿌리, 즉 자성왕에게

몸이 갈기갈기 찢기는 듯 고행을 했어도

그때에 나는 모든 상을 무심으로,

정신과 물질을 둘로 보지 않았으며
나다, 내가 했다, 내가 위대하다든가
그런 마음이 없었기 때문이다.
왜냐하면 나의 육신이 내면 부父의 채찍에
사지가 마디마디 찢기는 듯 아파도
만약에 모든 상이나 물질에 치우쳐
둘로 생각했다면
자기가 있기에 자기 탓인 줄도 모르고
남을 원망하고 증오하며
미워하는 마음을 내었을 것이기 때문이다.

수보리야,
과거 현재 미래 없는 오백 세 동안
인욕을 내면에 돌려놓고 있었던 일을
생각하였느니라.

그때 세상에서도 아상이 없었고
인상·중생상·수자상도 없었느니라.

그러므로 수보리야,
깨달은 사람은 응당 일체, 일체 상을 떠나서
위없는 진실한 한마음으로
조건 없는 자비심을 낼지니
응당 모든 물질에 마음을 내지 말고
이론이나 냄새·감촉·법을 내면에 놓고
공한 마음이니,
고정된 바가 없으니
함이 없는 마음을 낼지니라.
마음은 찰나찰나 화하는데 머물 곳이 있으랴.

그러므로 부처님께서 말씀하시기를

깨달은 사람은 모든 물질에 탐이 없이

한마음 내어 보시하라.

수보리야,

깨달은 이는 일체 중생을 이익 되게 하기 위해

응신으로 화하여 나투며 보시하느니라.

여래가 설하신 일체 모든 상이 곧 상이 아니며

또한 일체 중생이라고 설함도,

곧 중생이 아닌 것이라고 함도

부처 중생이 둘이 아닌 까닭이니라.

수보리야,

여래는 진실한 말을 하는 자이며

말이 아닌 진실한 말을 하는 자이며

거짓 없이 말하는 자이며

거짓 아닌 참을 말하는 자이며

말 아닌 말을 하지 않는 자이다.

수보리야,
여래가 얻은 법은
있는 것도 없고 없는 것도 없느니라.
수보리야,
만약 깨달은 사람의 마음이
법에 고정된 관념으로 보시한다 하면
사람이 캄캄한 통 속에서 보지 못함과 같고
만약 깨달은 사람의 마음이
법에 걸림 없이 보시행을 하면
마치 사람이 심안이 밝아서
일체를 보는 사이 없이 보는 것과 같느니라.

수보리야,

미래에 오는 현재 세상에

어떤 지혜 있는 남녀가

부처님께서 설하신 경을

받아 지니고 읽고 믿으면,

곧 일체 만물만생의 한마음 속에

부처님의 지혜로써 마음이 통하는 사람은,

우주 법계에서도 보는 것도 말하는 것도

마음도 일체 통한 이런 사람은

한량없고 끝없는 공덕을 성취하게 되리라.

15. 선과 경을 둘이 아니게 지닌 공덕은 자유로워서

수보리야,

어떤 지혜 있는 남녀가 있어

아침나절에 찰나에

천백억화신이 응신으로 나투며 자비 보시 하고

낮밤이 없이 원심에서 갠지스강 모래 수같이

천차만별의 모습으로 응신 되어

나투며 보시하고,

아침 저녁에도 원심에서

갠지스강 모래 수같이

응신으로 화하여 나투며 보시하였네.

이와 같이 아침 저녁 점심

둘이 아닌 주장심의 한마음으로

헤아릴 수 없이 백천만억 겁을
천차만별의 모습으로 나투어
응신으로서 보시하였으니
한마음의 응신의 보시는 끝이 없어라.

만약 어떤 사람이
선과 경을 둘이 아니게 지니고 듣고
믿는 마음으로 배척하지 않으면
그 공덕이 끝 간 데 없으리라.
진실한 마음으로 베껴 쓰고 받아 지녀 읽고
내면에 몰락 놓고 감사히 생각하면서
남을 위해 알아듣게 설명해 줌에
이 세상이 공심共心인 줄 알리라.

수보리야, 요약해서 말할진대

이 경은

마음 떠난 적 없는, 즉 둘이 아닌 까닭에

생각할 수도 없으며 잴 수도 없는

한없는 공덕이 있느니라.

여래는 대승에 발심한 자를 위해

선과 경이 둘 아닌 설법을 하시며

최상승에 발심한 자를 위해 설하시느니

어떤 사람이

공생共生·공용共用·공체共體·공식共食인 도리를

내면에 지니고 읽어서

널리 사람들을 위해 설한다면,

여래는 이 사람들을 모두 알며 모두를 보나니

모두들 헤아릴 수 없고 잴 수도 없고

말할 수도 없고 끝이 없고

생각할 수도 없는 공덕을 성취하게 되리라.

이런 사람들은

곧 여래의 위없는 진실한 한마음을

깨우친 마음과 둘 아닌

한마음으로 밝았느니라.

왜냐하면 수보리야,

작은 법을 좋아하는 자는

나의 마음으로부터

일거일동 집착하게 되므로

무명 굴레를 벗어나지 못하느니

곧 선과 경을 둘 아닌 진실한 마음으로

읽고 받아 지녀서 남을 위해 해설해 주면

고苦에서 벗어나게 되느니 그 공덕이 크니라.

수보리야,

어느 곳이든

일체 둘이 아닌 경이 있는 곳이라면

일체 세간 천인들의 마음이 밝아서

응당 한마음의 재식 공양을 하리라.

마땅히 알라.

곧 내 마음 근본이 탑이 됨이라.

마음의 근본이 탑이라면

공경을 갖추어

고정됨이 없이 마음이 나투어 돌며

아름다운 마음으로 향기로운 마음 내어

만물만생에게 자비의 마음을 뿌리리라.

16. 능히 이러하다면
업장 굴레에서 벗어나리라

다시 수보리야,

어떤 지혜로운 남녀가

공한 진리의 경을 독송하여도

남에게서 갖은 수모를 받는다 하면

이 사람은

전생의 죄업으로 응당 악도에 떨어질 것이나

이 세상에서 갖은 수모를 받는 까닭에

선세의 죄업이 곧 소멸되리라.

마땅히 위없는 진실한 깨달음을 얻으리라.

수보리야,

내가 과거 아닌 과거에

불바퀴에서 생각해 보니
밝은 마음이
어제 오늘 없는 사무 사유 둘이 아니어서
사천만억 나유타의 일체 부처님의 한마음이
내 마음과 둘이 아니게 통하여 만나서
모두 다 둥근 떡으로
삼세를 공양하여도
줄지 않는 공양을 베풀어 영원하리라.

만약 어떤 사람이 있어 미래를 지나
오늘 세상에 말세가 와도
말세는 그 이름일 뿐이라
능히 선과 경을 둘이 아니게 내면에 지니고
독송하되 함이 없이 한다면
얻은 바 없이 공덕이 되리라.

내가 여러 부처님께

공양한 바 없이 공양을 올렸기에

공덕 아닌 공덕이라.

나의 이러한 공덕은 공양한 바 없기에

백분의 일에 못 미침도 없고

천만억분의 일에 못 미침도 없음이니

숫자로 비유할 수 없어서

없다고 하는 까닭이니라.

수보리야,

만약 지혜로운 남녀가 이후 말세에

이 경을 내면에 새겨 놓아

둘 아니게 공하였음을 안다면

그 공덕을 깨우침의 한마음으로 내가 설하여도

혹 어떤 사람은 못 믿는 마음이 일어

의심하고 믿지 않으리니
수보리야, 마땅히 알라.
심안경설은 생각으로 의논할 수 없고
모든 과보도 가히
생각으로 헤아릴 수 없나니라.

17. 끝 간 데 없이 내가 없음이라

그때 수보리가 부처님께 사뢰었다.

세존이시여,

지혜로운 남녀가

위없는 진실한 한마음을 깨우쳐

걸림 없이 다스리니

어떻게 행하며

어떻게 그 마음을 항복받으오리까.

부처님께서 이르시되

지혜로운 남녀가

위없는 진실한 한마음을 깨우쳐

걸림 없이 일체를 다스려서

마땅히 이와 같이 공심을 내게 하리라.

내가 응당 일체 중생을

업의 굴레에서

법에 의해 벗어나게 할 것이나

일체 중생 자신들이 벗어나게 해야

이후에도 고에서 벗어나리라.

실은 멸하게 해 주어도 자신이 모르면

세세생생 고의 굴레에서 벗어날 수 없나니라.

왜냐하면 수보리야,

만약 보살이

일체 나라는 상을 놓지 않고 둘로 본다면

보살이 아니니

내가 모든 상에서 벗어나야,

삼세의 굴레에서 벗어나야

곧 보살이 아님을 알 수 있는 깨달음이니라.

까닭이 무엇인가, 수보리야.

실로 법이 있어서

뜻에 의해 위없는 진실한 한마음을 내어

중생을 다 건졌다 해도 건진 게 없느니라.

수보리야, 생각이 어떠하냐.

여래가 한마음 불바퀴 속에서

위없는 진실의 한마음을

깨우친 법이 있겠느냐.

아니옵니다, 세존이시여.

제가 부처님께서 설하신 바 뜻을 알기로는

부처님께서는

한마음 불바퀴 처소에서

위없는 진실한 한마음을

깨우친 법이 있지 않습니다.

부처님께서 말씀하시되
함이 없이 하는 까닭이니라.
수보리야,
실로 법이 따로 있어
여래가 위없는 진실한 한마음을 깨우쳐
얻은 바가 아니니라.

수보리야,
만약 법이 있어
여래가 위없는 진실한 한마음의 도리를
깨우쳐 얻을진대
한마음 불바퀴 속에서
나에게 수기하면서

너는 다음 생에 마땅히 부처를 이루리니
명호를 석가모니로 하리라 하였으랴.
그러나 이는 함이 없이 하신 말씀이니
실로 법이 아닌 법이라,
위없는 진실한 한마음의 깨달음은
얻은 것이 아니므로 얻은 것이니라.

이런 까닭에 연등불께서
나에게 수기를 주며 말씀하여 이르되
너와 나와 둘이 아니게
내세에 마땅히 부처를 이뤄
호를 석가모니로 하리라 하신 것이다.

무슨 까닭이냐 하면
여래란

일체 만물만생의 법이

둘이 아닌 한마음으로

여여하게 돈다는 뜻이라.

만약 어떤 사람이

여래께서 위없는 진실한 한마음을 깨달았을 때

깨달음을 얻었다고 말하겠느냐.

수보리야,

실로 법이 있어

부처가 위없는 법을 얻은 것이 아니니라.

수보리야,

여래인 까닭에 얻은 바 없느니라.

위없는 진실한 한마음의 깨달음 가운데에

깨달았다 함도 없고
깨닫지 않음도 없느니라.
그런고로
둘이 아닌 여래가 설하는 일체 법이,
우주 만물만생 일체가 다 불법이니라.

수보리야,
말한 바 일체 법이라는 것은
곧 일체 법이 공하였으므로
이름하여 일체 법이니라.
수보리야, 비유하건대
사람 몸속에 자생중생들이
헤아릴 수 없이 많고 많은 것과 같느니라.

수보리가 말씀드리기를

세존이시여,

일체가 뭉친 하나이신 여래께서 설한

안과 밖이 없는 사람 몸의 장대함도

고정됨이 없이 찰나찰나 화하는 까닭에

큰 몸이라 이름함이옵니다.

수보리야,

보살도 이와 같느니라.

만약 말을 하되

내가 무량 중생을

모든 고에서 벗어나게 한다 하면

곧 보살이라 이름할 수 없느니라.

왜냐하면 수보리야,

실로 법이 법이 아닌 까닭에

보살이라 이름하지 않기 때문이니라.

그러므로 부처님이 설하되

일체 법은 마음도 없고 나도 없고

중생도 없고 수자도 없다 하느니라.

수보리야,

만약 보살이 생각하여 말을 하되

내가 깨우쳤다, 내가 불국토를 장엄한다 하면

보살이라 이름할 수 없느니라.

무슨 까닭인가,

여래가 설한 불국토를 장엄함이란

곧 장엄이 아니라

일체 공한 까닭에

그 이름이 장엄이니라.

수보리야,

만약 보살이

무아의 법을 통달한 자라면

일체 한마음의 여래는

참다운 보살이라,

이름하여 큰 보살이라 하느니라.

18. 일체 만물만생을 둘 아니게 봄이니

수보리야, 어떻게 생각하느냐.
여래가 육안이 있느냐.
그렇습니다, 세존이시여.
여래는 심안이 있습니다.

수보리야, 어떻게 생각하느냐.
여래에 천안이 있겠느냐.
그렇습니다, 세존이시여.
여래는 일체 천안이 있습니다.

수보리야, 어떻게 생각하느냐.
여래에 혜안이 있겠느냐.
그렇습니다, 세존이시여.

여래는 삼천대천세계 만물만생을
보는 사이 없이 다 보십니다.

수보리야, 어떻게 생각하느냐.
여래에 법안이 있겠느냐.
그렇습니다, 세존이시여.
여래는 우주 만물만생을 두루 비춰 아십니다.

수보리야, 어떻게 생각하느냐.
여래에 불안이 있겠느냐.
그렇습니다, 세존이시여.
일체 우주 만물만생의 움직임 없는 움직임을
찰나에 다 아시고 보십니다.

수보리야, 어떻게 생각하느냐.

갠지스강의 모래알같이

일체제불의 한마음의 부처가

그렇게 설한 적이 있느냐.

그러합니다, 세존이시여.

여래는 저 모래알같이 응신으로 화하여

두루 아니 건지고 아니 설하심이 없으십니다.

수보리야, 어떻게 생각하느냐.

한 갠지스강에 있는 모래 수와 같이

그만큼의 갠지스강이 있고

그 모든 갠지스강에 있는 모래 수만큼

많은 생명의 밝음이 있으며

이 모든 공空 안에

그 모래 수만큼의 불세계가 있다면

얼마나 많다고 하겠느냐.

매우 많습니다, 세존이시여.

부처님께서 수보리에게 이르시되

저 국토 가운데 있는

중생의 천차만별 종류의 마음을

여래는 다 알고 응해 주시느니

무슨 까닭인가.

여래가 천차만별의 마음들에게 설한 마음은

모두 마음이 아니고

그 이름이 마음인 것이니라.

까닭은 무엇인가, 수보리야.

과거심도 현재심

미래심도 현재심

현재심도 현재심으로 가득 차 공한 까닭이니라.

19. 법계를 두루 찰나찰나 화합이니라

수보리야, 어떻게 생각하느냐.

만약 어떤 사람이 삼천대천세계를

둘 아닌 한마음의 칠보 보배로 가득 채워

보이는 사람, 안 보이는 중생, 일체 만민에게

넣어도 두드러지지 않고

꺼내도 줄지 않는 보시를 한다면

이 사람은 이 인연으로 복을 받음이 많겠느냐.

그렇습니다, 세존이시여.

이 사람은 이 인연에 의해

일체 만유의 둘이 아닌 공덕이 되겠습니다.

수보리야,

만약 공덕이 정말 있을진대
여래가 공덕을 얻었다고
설하지 않았을 것이다.
공덕이 공한 까닭에 없으니
여래는 공덕이 크다고 말하느니라.

20. 색色과 상相을 여윔이니

수보리야, 어떻게 생각하느냐.

부처란 색신을 갖춘 것으로 볼 수 있겠느냐.

아니옵니다, 세존이시여.

여래를 구족한 색신이라고 보지 못합니다.

왜냐하면 여래가 설하는 구족색신이란

곧 구족한 색신이 아니기에

구족색신이라 이름하는 것입니다.

수보리야, 어떻게 생각하느냐.

여래를 일체 상이 구족한 것으로

볼 수 있겠느냐.

아니옵니다, 세존이시여.

여래를 보려면 구족한 상으로는

볼 수 없습니다.
왜냐하면 여래가 설하는 것은
일체 상으로 구족한 것이 곧 구족이 아니라
그 이름이 제상 구족인 때문입니다.

21. 마음과 마음으로 통하는 설법이니라

수보리야,

너는 여래가 생각을 하되

내가 마땅히 설한 바 법이 있다고

말하지 말라.

왜냐하면 만약에 어떤 사람이 말하되

여래가 설한 바 없이 설한 까닭에

법이 있다고 한다면

곧 부처님을 비방함이니

내가 설한 바 없이 설한 것을

지혜롭게 알지 못하는 까닭이니라.

수보리야,

설법이란 것은 함이 없이 설한 법이니

설한 바 없음을 이름하여 법이라 하느니라.

그때 혜명 수보리가 부처님께 사뢰었다.

세존이시여,

어떤 중생이 미래세 오늘에

이 법을 설함을 듣고서

믿는 마음을 내겠습니까.

부처님께서 말씀하시되

수보리야,

저들은 오늘의 중생과 다름없어

중생이 아니며

중생이 아님도 아니니라.

무슨 까닭인가, 수보리야.
중생 중생이란 여래가 설하되,
중생이라 함은 중생이 아니라
그 이름이 중생이니라.

22. 일체 법이 공하여 고정됨이 없이 화하여 그냥 여여한 까닭에 얻을 것이 없음이니라

수보리가 부처님께 사뢰되

세존이시여,

부처님께서 위없는 진실한 마음을 얻은 마음은

얻은 바 없음이 되는지요.

부처님께서 말씀하시되,

일체가 둘이 아니게 화하여

고정됨이 없이 나투는 까닭에

얻은 바 없다 하였느니

그러하고 그러하다, 수보리야.

내가 위없는 진실한 한마음을 깨우쳤다 함도,

내지는 작은 법이라도
공한 까닭에 얻음이 없음이라 하느니
위없이 깨우침도 공하므로
공까지도 이름이니라.

23. 내면과 물질세계가 둘이 아닌 마음으로 선을 행함이니

다시 말하노니 수보리야,

이 법은 평등하여 높고 낮음이 없으므로

이를, 위없이 공 아닌 공하였음을

깨우침이라 이름하나니

나도 없고 사람도 없고

중생도 없고 수자도 없이

나로 인하여 공하였음을

내면에 일체 놓고

선법을 닦아 행하면

곧 위없는 평등공법을 깨우쳐 얻으리라.

수보리야,

말한 바 선법이란 여래가 설하되

곧 선법이 아닌 선법이니라.

24. 복덕도 지혜도 둘이 아님이니라

수보리야,

만약 어떤 사람이 삼천대천세계 가운데 있는

일체 공세계의 한마음의 공덕을 가지고

칠보로 보시한다면

일체가 둘이 아닌 까닭에

보시한 사이가 없음이니라.

만약 어떤 사람이

반야바라밀의 둘이 아닌 경의 말씀으로써

사구게가 따로 없는 밝은 마음으로 받아

내면에 지니고 읽고 외워서

남을 위해 설한다면

앞도 뒤도 없는 공덕의 칠보 보시란

백분의 일도 없고
백천만억분의 일도 없음이니
숫자로 비유할 수 없어
능히 미치지 못하였으므로
공함이라 했느니라.

25. 교화하되 교화함이 없이 함이니

수보리야, 어떻게 생각하느냐.

너희들은 여래께서 생각하여

마땅히 중생을 제도한다고 이런 말 하지 말라.

나는 중생을 제도하되

생각 없이 함이 없이 함이니라.

수보리야,

생각 없이 생각함이니

생각 내었다 하지 말라.

왜냐하면 공심·공용·공체·공식 하며

찰나찰나 화하여 끝 간 데 없음이니

여래가 제도할 중생이 없음이라 함이니라.

만약 여래가 제도할 중생이 있어

내가 제도했다 한다면

여래가 아니니라.
곧 한마음을 지닌 사람,
즉 중생이자 수자가 있음이니라.

수보리야,
여래가 설하되 내가 있음이란
곧 내가 있음이 아니라 함이니라.
범부들은 내가 있다고 생각하지만
수보리야,
범부라는 것이 여래가 설하되
곧 부처 범부가 따로 없음이라.
부처 범부란 이름이니라.

26. 법신은 상이 아님이니라

수보리야, 어떻게 생각하느냐.

삼십이상으로써

여래를 볼 수 있다고 하겠느냐.

수보리가 말씀드리되

아니옵니다, 아니옵니다.

삼십이상으로써 여래를 볼 수 없습니다.

부처님께서 말씀하시되

수보리야,

만약 삼십이상으로써 여래를 본다면

전륜성왕도 여래라고 하리라.

수보리가 부처님께 사뢰었다.

세존이시여,

제가 부처님의 설하신 바 뜻을 이해하기로는
응당 삼십이상으로써 여래를 알 수 없습니다.

그때 세존께서 게송으로 설하셨다.

만약 색신으로 나를 보거나
음성으로 나를 구하면
그런 사람은 삿된 도를 행함이라
능히 여래를 보지 못하리라.

27. 끊는 것도 없고 멸함도 없음이니

수보리야,

네가 이런 생각을 함이 없이 하되

여래는 구족한 상이 없이 하는 까닭에

위없고 진실한 한마음의 깨달음을

얻었다 생각하는가.

수보리야,

세상이 공하여 함이 없이 여여한데

얻었다 생각하지 말라.

여래는 구족하다는 상을 내지 않고

함이 없이 하는 까닭에

위없이 공한 진리의 한마음을

깨달아 얻었다고 말하리라.

수보리야,

네가 만약 그런 생각을 하되

위없는 진실한 한마음을 깨달은 자는

일체 법을 단멸하게 설한다고

생각하지 말라.

왜냐하면 위없는 진실한 한마음을 깨달은 자는

법에 있어서 단멸상을 말하지 않느니라.

28. 받지도 않고 탐하지도 않음이니

수보리야,

만약 보살이

갠지스강 모래 수 같은 세계에 가득 찬

한마음의 칠보로써

우주 만물만생

천차만별의 중생들에게 보시하더라도

함이 없는 함이라야

진정한 보시이니라.

만약 어떤 사람이 있어

일체 법이 무아無我임을 알아

인을 얻어 이루면

이 앞뒤 없는 보살은

어디다 비교할 수 없는

공덕이라는 이름 없는 공덕을 얻으리라.

왜냐하면 수보리야,

일체 보살은

만물만생 천차만별이 다 공한 까닭에

공덕을 얻었다고 하지 않는 까닭이니라.

수보리가 부처님께 사뢰었다.

세존이시여,

어찌하여 보살은 공덕을 받지 않습니까.

수보리야,

보살은 시공을 초월하여

일체가 둘이 아닌 까닭에

공덕에 탐착함이 없으니

그런고로 공덕을 받지 않는다고 설하는 것이니라.

29. 위없는 고요함이니

수보리야,

만약 어떤 사람이 말하기를

여래는 오고 감이 없이 오고 가며,

앉고 눕는 사이 없이

앉고 누움이 여여하다고 한다면

이 사람은 내가 설한 바 뜻을

알지 못함이니

일체가 여래 아닌 바가 없어서

여래는 어디로부터 온 바가 없고

또 갈 바도 없는 까닭에

이름을 여래라 하느니라.

30. 끝없는 진리와 현상은 하나임이니

수보리야,

만약 어떤 지혜 있는 남녀가

삼천대천세계를 부숴서 티끌로 만든다면

어떻게 생각하느냐.

무無의 중생 유有의 중생, 일체 천차만별이

헤아릴 수 없이 티끌 같은데

어찌 많다고 하지 않겠느냐.

수보리가 말씀드리되

매우 많습니다, 세존이시여.

왜냐하면 이 많은 티끌들이

실제로 다 있는 것이라면

부처님께서는

곧 많은 티끌이라고 설하지 않았을 것입니다.

그 까닭이 무엇인가 하면

부처님께서 설하신 많은 티끌은

곧 티끌이 아니라

그 이름이 티끌입니다.

세존이시여,

여래께서 설하신 바

삼천대천세계는 곧 세계가 아니고

그 이름이 세계입니다.

왜냐하면 만약 세계가 실로 있는 것이라면

곧 둥근 모양이나

여래가 설하신 것은

공하여 하나로 시공을 초월해

찰나에 화하여 나툴 뿐

이름이 붙지 않습니다.
곧 둥근 원리가
하나로 들고 하나로 나는 진리도
이름이 원의 진리인 때문입니다.

수보리야,
하나로 합한 진리란
말로는 설할 수 없느니라.
다만 범부들이 이론과 이름,
말에 탐착할 뿐이니라.

31. 지견을 내지 않음이니

수보리야,

어떤 사람이 말하기를

부처님이 아견·인견·중생견·수자견을

설하였다 하면

수보리야, 어떻게 생각하느냐.

이 사람은

내가 설한 바 뜻을 알았다 하겠느냐.

아니옵니다, 세존이시여.

이 사람은

여래께서 설하신 바 뜻을 알지 못합니다.

왜냐하면 세존이시여,

세존이 설한 아견·인견·중생견·수자견은

곧 아견·인견·중생견·수자견이 아니라
그 이름이 아견·인견·중생견·수자견입니다.

수보리야,
위없는 진실한 한마음을 깨우친 사람은
일체 법에 있어 응당 둘이 아니게 화하여
고정됨이 없이 나툴 뿐의 도리를 알며,
이와 같이 보며 이와 같이 믿어서
법이라는 상을 내지 말라.
수보리야,
말한 바 법상이라는 것은
여래가 설하되
곧 모든 법상이 아니고
그 이름이 법상인 것이니라.

32. 천백억화신이 응신이 되어
만 중생에게 자비 보시를
천차만별로 응하시니 함이 없이
하심이네

수보리야,

만약 어떤 사람이 있어

한량없는 아승지 아닌 아승지세계에 가득 찬

칠보 아닌 칠보로써

조건 없이 보시를 하더라도

함이 없는 보시라야 진정한 보시니라.

만약 어떤 지혜 있는 남녀가

보살의 마음을 내어 자비로

선과 경을 둘이 아니게 내면에 지니되

사구게 아닌 사구게 등을

내면에 지니고 독송하게 한다면

공덕이 크고 크니라.

남을 위해 설한다면

과거 현재 미래, 삼세 가운데

칠보 보시보다 더 큰 공덕을 얻으리라.

어떻게 남을 위해 설하는가.

나를 세우지 말고

여여하게 한마음으로 진실하게 하라.

무슨 까닭인가.

일체 물질세계는 환상 같고,

물거품 같고, 이슬 같고, 번개 같으니

응당 내가 있어서 상대가 있음이라.

용도에 따라 닥치는 대로

내면에 놓고 관할지어다.

갖은 꽃이 갖은 꽃이

피고 지고 피고 지고 피고 져서,

지고 피고 열매가 맺으니

제 나무에서 좁지 않고 넓지 않게 익어서

다들 응신으로서 응신들이,

다 갖은 중생들이

제 나무에서 무르익은 걸 먹고 주고 먹고

응신의 수기를 받아서 잘해 나가면

이 세상이 편안하고

우주가, 일체가 다 편안하다.

각색의 꽃이 피고 지는 대로,

지는 대로 열매 맺으면

그 열매는

제 나무에서 익어야 제 맛이 나네.

부처님께서 안과 밖이 없는 경설을

무심의 도리로 마치시니

장로 수보리와 여러 비구 비구니

우바새 우바이 여러 대중과

일체 세간 천상 인간 아수라 등이

부처님께서 설하신 바를 듣고

모두 크게 환희하며

믿고 받들어 행하도다.

대행스님의
뜻으로 푼 금강경

1999년   초판 발행
2002년   8월 15일   초판 2쇄 발행
2008년   4월 2일   개정판 1쇄 발행
2018년 11월 5일   개정판 6쇄 발행
2023년 10월 20일   개정 2판 1쇄 발행

지 은 이 · 대행 스님
엮 은 이 · (재)한마음선원 출판부
펴 낸 곳 · (재)한마음선원
표지글씨 · 청백 스님
표지그림 · 전장일

출판등록 · 2000. 12. 15. 제 2000-16호
주   소 · (13908) 경기도 안양시 만안구 경수대로 1282
전   화 · (031)470-3100   팩스 · (031)470-3116
http://www.hanmaum.org

값 6,000원

ISBN 978-89-91532-47-2